홈빌더 부부 시리즈

서로 세워주는 부부

데니스 & 바바라 레이니 공저

홈빌더 부부 시리즈_서로 세워주는 부부

2016년 5월 17일 초판 발행
2024년 3월 6일 3쇄 발행

지 은 이   데니스 레이니, 바바라 레이니
편 집 자   데니스 레이니
발 행 처   순출판사
감   수   FamilyLife Korea
디 자 인   (주)아이엠크리에이티브컴퍼니
일러스트   (주)아이엠크리에이티브컴퍼니

주   소   서울시 종로구 백석동 1가길 2-8
전   화   02)722-6931~2 팩 스 02)722-6933

인 터 넷   www.familylifekorea.com
등록번호 제 2020-000159호

값 5,000원
ISBN 978-89-389-0307-5

본서의 판권은 순출판사에 있습니다. 무단 전재 및 복제를 금합니다.
책 내용과 관련된 문의는 FamilyLife (02-397-6385)으로 문의 바랍니다.

Originally published in the USA
By FamilyLife Publishing®, Under the Title
Homebuilders Couples Series®: The Art of Marriage® Connect / Mastering Money in your marriage
Copyright © 2014 By Dennis and Barbara Rainey
FamilyLife® is a ministry of Campus Crusade for Christ

여호와께서 집을 세우지 아니하시면 세우는 자의 수고가 헛되며
여호와께서 성을 지키지 아니하시면 파수꾼의 깨어있음이 헛되도다

시편 127:1

초대의 글

'홈빌더 부부 시리즈'에 여러분을 초대합니다.

잠언에 "마른 빵 한 조각을 먹으며 화목하게 지내는 것이, 진수성찬을 가득히 차린 집에서 다투며 사는 것보다 낫다"는 말씀이 있습니다. 그래서 어떤 이는 행복한 가정은 미리 누리는 천국이라고까지 말하기도 했습니다(R. Browning). 뒤집어 말하면 행복하지 않은 가정은 천국의 반대요, 행복의 반대요, 화목의 반대를 경험하는 것이 되고 맙니다. 세상의 많은 일은 우리의 뜻대로 되지 않을 수 있습니다. 그러나 그와는 달리 가정만큼은 부부에게 화목하고 행복한 천국으로 만들어 나갈 수 있는 특권과 권한이 주어져 있습니다. 그런데 불행하게도 많은 가정이 그것을 누리지 못하고 있습니다.

그에 대한 간단한 이유 중 하나는 훈련을 받지 못했기 때문입니다. 사실 어떻게 대화하는지, 어떻게 경제적인 이슈를 다루어야 하는지, 어떻게 갈등을 해결해야 하는지, 어떻게 서로 동행하는지 등의 교육은 어디에서도 시켜주지 않습니다. 그렇다고 대부분의 경우 좋은 모델을 보고 자란 것도 아닙니다. 그러다 보니 가장 행복해야 할 가정이 갈등의 온상이 되는 경우가 왕왕 있게 되는 것입니다.

물론 시편 기자가 말하고 있듯 하나님께서 집을 세우지 아니하시면 세우는 자의 수고가 헛됩니다(시 127:1). 모든 것이 하나님의 주권 하에 있다는 데에는 가정도 예외가 될 수 없습니다. 분명한 것은 인간을 위한 하나님의 최초의 축복이 가정이며, 하나님께서는 현대인들의 깨지고 지친 가정을 회복하기를 원하실 뿐 아니라 이전보다 더 멋진 가정으로 만들기를 바라신다는 것입니다.

하나님께서 이루고자 하는 행복한 가정을 세워가는 원리를 담고 있는 '홈빌더 부부 시리즈'에 여러분 모두를 초대합니다. 이 시리즈는 미국 Family Life에서 다년간 많은 가정을 일으켜 세운 훌륭한 교재입니다. 모든 부부가 공통적으로 가진 문제들을 함께 나누며 여러분의 가정을 멋지게 세워가기를 소원합니다. 또한 자신의 가정뿐 아니라 다른 가정들도 함께 세워가기를 축복합니다. "Come and help change all the families in the world!"

CCC 대표 박성민

Homebuilders

'홈빌더 부부 시리즈'를 사용하는 분들께

부부는 서로 기쁨을 주고받는 대상이지 견뎌야 할 대상은 아닙니다. 남자와 여자 두 사람이 만나 서로 열정적으로 헌신하고 이해하며 은혜로 사랑하는 활기찬 관계가 바로 부부입니다. 하나님은 남편과 아내 사이가 사랑으로 견고해지기를 열망하십니다. 그래서 하나님은 그런 부부의 모습을 통해 교회를 향한 그리스도의 사랑이 얼마나 크고 깊은지를 보여주기도 하십니다(에베소서 5:25-33).
여러분은 어떤가요? 하나님이 원하시는 모습 그대로 사랑하는 부부인가요?
사람들은 시간이 흐르면서 서로 멀어져가고 관계가 소원해지기도 합니다. 부부관계 역시 마찬가지입니다. 하지만 그것은 서로의 관계를 잘 가꾸고 다듬지 않았을 때의 일입니다. 우리의 선택에 따라 무미건조한 부부 사이가 되지 않을 수 있습니다. 이것을 위해 부부간에는 더 많은 관심이 필요한 것인지도 모르겠습니다.
바로 그 관심이 이 '홈빌더 부부 시리즈'를 기획하게 된 목적입니다. 우리는 부부가 서로의 필요와 욕구를 어떻게 관심을 갖고 돌아볼 수 있는지 그 방법을 제공하려고 합니다. 하나님은 성경을 통해 사랑으로 견고하게 맺어진 부부의 모습을 보여주셨습니다. 이 교재는 그런 성경의 내용에 기초해서 부부들을 위한 소그룹 학습용으로 만들어졌습니다. 하나님의 계획은 남자와 여자가 서로 만족하는 관계가 되도록 함께 성장하고, 그리스도의 사랑으로 서로에게 다가가도록 하는 것이었습니다.

Homebuilders

만일 부부관계에서 이런 하나님의 계획을 무시한다면 지독한 소외감을 느끼게 되거나, 많은 경우에서처럼 더 방치하면 부부의 관계가 깨어질 수도 있습니다.

당신의 부부관계가 어떤 상태에 있는지, 완전한 변화가 필요한지 그저 약간의 도움만 필요한지 모르겠지만, 당신 부부를 향한 하나님의 계획이 어떤 것인지 알아볼 수 있기를 원합니다. 성경이 쓰인 지 2000년이 지났지만 여전히 성경은 부부관계에서 남편과 아내가 넘어야 할 갈등과 도전에 대해 분명하고 힘 있게 말하고 있습니다.

꼭 소그룹에 소속해야 하나요? 우리 부부만 공부하면 안 될까요?

물론 이 교재는 부부 두 사람만 공부해도 가능합니다. 그러나 그렇게 되면 다른 사람의 경험에서 배울 수 있는 교훈과 그룹원들과 연결될 기회를 놓치게 됩니다. 이 교재에 있는 질문들에서 여러분은 자신의 배우자에게 더 가까이 다가갈 수 있도록 도움을 받을 수 있으며, 또한 그 질문들은 함께 공부하는 부부들과 따뜻한 교제를 나눌 환경과 서로의 마음을 열 수 있는 계기를 만들어줄 것입니다.

Homebuilders

홈빌더 그룹 리더에게 필요한 자질은 무엇인가요?

그룹 리더가 되는 것은 생각보다 훨씬 쉽습니다. 왜냐하면 리더는 참가자들이 토론하도록 이끄는 진행도우미의 역할만 하면 되기 때문입니다. 리더는 교재를 가르치는 것이 아니라 참석한 부부들이 성경의 진리를 발견하고 적용하도록 도울 뿐입니다. 특별히 홈빌더 그룹이 역동적인 이유는 서로에게서 배우는 부부들의 상호작용 때문입니다.

홈빌더 리더들을 위해 필요한 정보와 안내는 'cccfamilylife.org/홈빌더 가이드'에서 찾을 수 있습니다.

대체적인 일정은 어떻게 이루어지나요?

'홈빌더 부부 시리즈'의 대부분은 6주에서 8주 정도로 구성되어 있으며, 각 권의 안내서에 있는 과의 수에 따라 다릅니다. 각 과를 진행하는 데는 90분 정도가 소요될 것이며, 중간에 부부가 공동으로 해나갈 과제가 있습니다.

Homebuilders

소그룹 모임에서 자기 부부생활에 대해 이야기하는 것은 위험하지 않을까요?

소그룹이라는 환경은 즐겁고도 정보를 얻을 수 있는 자리여야 하며, 당연히 위협적이지 않아야 합니다. 기본 규칙 4가지를 잘 지킨다면 소그룹 모임에서 모든 그룹원들이 편안함을 느끼고 많은 것을 얻을 것입니다.

1. 배우자를 당황하게 할 이야기는 피하십시오.
2. 답하고 싶지 않은 질문에 대해서는 그냥 넘어가도 됩니다.
3. 홈빌더 과제를 부부가 함께 완성하십시오.
4. 모임에서 나눈 이야기는 비밀을 유지하십시오.

Author Introduction

저자(Authors)

데니스 레이니는 FamilyLife(CCC의 한 사역)의 공동 창립자이자 대표이며, 달라스 신학교를 졸업했다. 35년 이상 그는 부부와 가족의 문제에 관한 강연을 하고 글을 써왔다. 1976년부터 그는 잘 알려진 '기억될 주말을 위한 여행지'를 포함하여, FamilyLife의 다양한 전도 자료의 개발을 총지휘하고 있다. 또 전국적으로 방송되는 라디오 프로그램인 FamilyLife Today®의 진행자이기도 하다.

바바라는 화가이면서 저자이다. 그녀가 쓴 책에는 Thanksgiving: A Time to Remember, Barbara and Susan's Guide to the Empty Nest, 그리고 When Christmas Came 이 있다. 레이니 부부는 슬하에 6명의 자녀와 17명의 손자 손녀들을 두었다.

Contents

'홈빌더 부부 시리즈'를 사용하는 분들께 ········ 06
'서로 세워주는 부부'에 대하여 ········ 12

1과 사랑하는 사람에게 힘을 내게 하라 ········ 14
2과 있는 모습 그대로 사랑하라 ········ 30
3과 과거의 영향력으로부터 벗어나라 ········ 42
4과 긍정적인 말의 씨앗을 뿌리라 ········ 60
5과 실패의 두려움을 이기게 하라 ········ 72
6과 배우자를 존중하고 귀하게 여기라 ········ 88

이제 어떻게 할 것인가? ········ 108
우리의 문제에 대한 하나님의 답변 ········ 110

'서로 세워주는 부부'에 대하여

예전에 케니 로저스라는 팝송 가수가 부른 "그녀는 나를 믿어요(She Believes in Me)"라는 노래가 있습니다. 사랑이 주는 용기를 노래한 것이었는데 그 가사는 모든 남편과 아내들의 마음속에 새겨진 사랑에 대한 진리를 말하고 있습니다. 그 진리는 배우자가 나를 믿어 주기만 한다면 다른 사람들이 아무리 나를 반대하고 어렵게 해도 이겨낼 수 있다는 것입니다. 한 사람의 사랑과 믿음은 많은 사람들의 비난과 비판을 이길 수 있는 힘을 주기 때문입니다.

배우자를 믿어주는 것이 그렇게까지 배우자의 자존감을 높이고 용기를 줄 수 있다니 놀랍지 않습니까?

건강한 자존감은 하나님의 자녀로서 자신이 누구인가를 분명하게 이해하는 것으로부터 옵니다. 그리고 그 자존감은 하나님이 본래적으로 계획하신 모습이 되도록 부부가 서로를 있는 모습 그대로 받아주고 서로를 돕는 것을 통해 가장 잘 성장할 수 있습니다.

이 교재를 가지고 하는 홈빌더 모임을 통해 당신의 결혼생활이 더 성장하고 하나님께서 당신 부부에게 주시는 건강한 자존감을 서로 세워갈 수 있게 되기를 기도합니다.

- 데니스와 바바라 레이니

1과

사랑하는 사람에게 힘을 내게 하라

서로 자존감을 세워주고 용기를 북돋우어 주는 부부는 인생에서 누릴 수 있는 최고의 관계입니다.

💚 마음 열기

결혼식 추억
당신의 결혼식은 어떠했습니까? 다음의 질문을 중심으로 결혼식 추억을 나누어 주세요.

- 그날의 날씨는 어떠했나요?

- 결혼식에 참석하기 위해 가장 멀리서 왔던 손님은 누구였나요?

- 특송은 누가 했으며 어떤 곡이었나요?

- 예상하지 못했던 사건이나 에피소드가 있나요?

 청사진

사람들의 필요

1. 사람들이 자신의 삶을 잘 살아가기 위해 가장 필요로 하는 욕구 중 하나는 격려 받고 힘을 얻는 것입니다. 사람들이 이런 필요를 느끼는 이유는 무엇일까요?

2. 자기 자신을 어떻게 생각하는지는 우리의 일상생활 전반에 큰 영향을 줍니다. 당신의 자기인식은(self-perception)은 긍정적인 편입니까? 아니면 부정적입니까? 그리고 그것은 지금 당신에게 어떻게 영향을 미치고 있습니까?

  ● 긍정적인 영향?

  ● 부정적인 영향?

3. 성경에는 서로를 세워주라는 권고가 자주 나옵니다. 데살로니가전서 5장 11절을 부부에게 적용해 보십시오. 결혼관계에서 부부가 서로를 세워주는 방법에는 어떤 것들이 있을까요?

> "그러므로 피차 권면하고 서로 덕을 세우기를 너희가 하는 것 같이 하라"
> (데살로니가전서 5장11절)

4. 다음 성경 말씀을 읽으십시오. 그리고 이 말씀에서 배우자를 세워주는 방법으로 권면하고 있는 것은 무엇인지 나누십시오.

- 로마서 15:5-7

> "이제 인내와 위로의 하나님이 너희로 그리스도 예수를 본받아 서로 뜻이 같게 하여 주사 한마음과 한 입으로 하나님 곧 우리 주 예수 그리스도의 아버지께 영광을 돌리게 하려 하노라. 그러므로 그리스도께서 우리를 받아 하나님께 영광을 돌리심과 같이 너희도 서로 받으라."

- 에베소서 4:29-32

> "무릇 더러운 말은 너희 입 밖에도 내지 말고 오직 덕을 세우는 데 소용되는 대로 선한 말을 하여 듣는 자들에게 은혜를 끼치게 하라. 하나님의 성령을 근심하게 하지 말라 그 안에서 너희가 구원의 날까지 인치심을 받았느니라. 너희는 모든 악독과 노함과 분냄과 떠드는 것과 비방하는 것을 모든 악의와 함께 버리고 서로 친절하게 하며 불쌍히 여기며 서로 용서하기를 하나님이 그리스도 안에서 너희를 용서하심과 같이 하라."

사람들에게 부정적인 자기인식을 갖도록 영향을 주는 요소에는 어떤 것들이 있는지 생각해 봅시다. 그리고 긍정적인 자기인식의 회복을 위해 성경이 무엇이라고 말씀하는지 살펴봅시다.

결혼생활에 대한 환상적인 자기인식의 기준 – 완벽주의

결혼한 부부들은 누구나 남편과 아내로서 자신이 어떠해야 한다는 나름대로의 기준과 환상을 가지고 있을 것입니다. 하지만 때때로 그러한 기준과 환상이 너무나 이상적이라서 도저히 성취될 수 없는 경우가 많습니다. 그런데도 어떤 사람은 날마다 이러한 환상을 기준으로 삼아 자신을 평가합니다. 그리고 그렇게 세워 둔 기준에 자신이 미치지 못할 때에는 남편이나 아내로서의 자신에 대한 자신감을 상실하게 됩니다. '완벽한 아내'와 '완벽한 남편'에 대해 묘사한 다음의 글을 읽고, 질문에 답해 보십시오.

완벽한 아내

그녀는 언제나 사랑이 많고 인내할 줄 알고 게다가 이해심도 있다. 그녀는 자신의 삶을 잘 컨트롤하며 절제와 유연성의 균형을 이루고 있다. 집은 늘 단정하게 정리되고 예쁘게 꾸며져 있고 자녀들은 엄마의 말이라면 모두 순종한다. 그녀는 절대 자녀들에게 화를 내지 않는데 아이들이 해야 할 일을 하지 않거나 잘못을 저질렀을 때도 평정심을 잃지 않는다. 게다가 열정적이고 에너지가 넘쳐서 하루 종일 일을 하고 아이들 때문에 하룻밤에 몇 번씩 일어나도 쉽게 지치지 않는다. 아무리 바빠도 외모는 언제나 잘 단장하고 집안일을 할 때나 외출이나 외식을 할 때에도 한 결 같이 아름답다. 머리 모양은 늘 자신이 원하는 스타일을 그대로 유지하며, 손톱정리도 잘 되어 있다. 정기적으로 장을 보며 언제나 가족을 위해 건강한 식단을 짜서 균형 잡힌 식사를 준비해준다. 그리고 날마다 신실하게 하나님과 동행하며 성경을 읽고 암송한다.

완벽한 남편

그는 아침 일찍 일어나서 경건의 시간(Q.T)을 갖고 조깅을 다녀온다. 가족들과 아침 식사를 하면서 15분 정도 경건회를 인도한다. 그는 출근하면서 가벼운 포옹과 키스로 아내에게 다녀오겠다는 인사를 하는 것도 잊지 않는다. 직장에는 언제나 10분 전에 도착한다. 그는 직장동료들과도 잘 지내며 자신의 일에 만족할 뿐만 아니라 창조적으로 업무를 잘 수행하고 능력을 인정받는다. 그는 성실히 일하며 시간을 낭비하지 않는다. 그의 책상은 어질러지는 법이 없으며, 언제나 에너지가 넘친다. 그는 세상사에도 밝아서 정치와 경제, 중요한 사회적 문제에 대해 잘 알고 있다. 그는 손재주도 좋아서 집안의 구석구석을 손보고 가족들을 위해 뭔가를 만들기를 좋아한다. 그는 늘 제 시간에 퇴근해서 아이들의 놀아 달라는 요구를 거절한 적이 없다. 그를 만나는 사람들은 누구나 그를 좋아하고, 도움이 필요한 사람을 기꺼이 돕는다. 그는 소그룹 성경공부 모임에 적극적으로 참여하며 정기적으로 성경을 읽는다. 그의 믿음은 굳건하며 가족의 갈등을 해결할 때는 총알 보다 더 빠르게 움직인다. 그는 절대 낙담하거나 포기하지 않으며, 언제나 상황에 맞는 말만 골라서 한다. 또 뭔가를 잃어버리거나 잊는 법도 없고, 건강관리도 소홀히 하지 않는다. 거기에 취미생활로 낚시를 즐긴다.

5. 2-3분 동안 남편으로서 또는 아내로서 당신 자신이 가지고 있는 환상을 자세히 적어보십시오.

6. 그런 환상은 배우자로서 그리고 부모로서 당신의 자신감에 어떤 영향을 주고 있습니까?

새로운 자기인식의 기준 - 성경

7. 우리가 그리스도인이라 할지라도 이 세상에서 사는 동안은 여전히 하나님의 은혜와 용서가 필요한 불완전하고 결함이 많은 사람이라고 성경은 말하고 있습니다. 그렇지만 또한 성경은 하나님이 그러한 우리를 어떻게 보시는지에 대해서도 역시 지혜의 말씀을 주십니다. 다음의 말씀에서 우리 각 사람을 하나님이 얼마나 가치 있고 존귀한 존재로 생각하시는지 찾아보십시오.

- 창세기 1:27-28

"하나님이 자기 형상 곧 하나님의 형상대로 사람을 창조하시되 남자와 여자를 창조하시고 하나님이 그들에게 복을 주시며 하나님이 그들에게 이르시되 생육하고 번성하여 땅에 충만 하라 땅을 정복하라 바다의 물고기와 하늘의 새와 땅에 움직이는 모든 생물을 다스리라 하시니라."

- 시편 139:13-14

"주께서 내 내장을 지으시며 나의 모태에서 나를 만드셨나이다. 내가 주께 감사하옴은 나를 지으심이 심히 기묘하심이라 주께서 하시는 일이 기이함을 내 영혼이 잘 아나이다."

● 마태복음 10:29-31

"참새 두 마리가 한 앗사리온에 팔리지 않느냐 그러나 너희 아버지께서 허락하지 아니하시면 그 하나도 땅에 떨어지지 아니하리라. 너희에게는 머리털까지 다 세신 바 되었나니 두려워하지 말라 너희는 많은 참새보다 귀하니라"

● 요한복음 3:16-17

"하나님이 세상을 이처럼 사랑하사 독생자를 주셨으니 이는 그를 믿는 자마다 멸망하지 않고 영생을 얻게 하려 하심이라. 하나님이 그 아들을 세상에 보내신 것은 세상을 심판하려 하심이 아니요 그로 말미암아 세상이 구원을 받게 하려 하심이라"

● 에베소서 2:10

"우리는 그가 만드신 바라 그리스도 예수 안에서 선한 일을 위하여 지으심을 받은 자니 이 일은 하나님이 전에 예비하사 우리로 그 가운데서 행하게 하려 하심이니라"

8. 하나님께서 나를 보시는 이러한 말씀들이 일상생활에서 나에게 잘 적용되지 않는 이유는 무엇일까요?

9. A. W. 토저(Tozer)는 이렇게 말한 적이 있습니다. "우리가 하나님을 생각할 때 마음에 떠오르는 것들이 우리에게 가장 중요한 것이다." 당신은 하나님에 대해 어떤 생각을(view of God) 가지고 있습니까? 하나님에 대해 올바로 생각하는 것이 중요한 이유는 무엇입니까? 우리가 가지고 있는 하나님에 대한 생각은 우리가 자기 자신을 생각하는 관점에 어떤 영향을 미치겠습니까?

10. 당신은 당신의 배우자가 하나님에 대해 올바로 생각할 수 있도록 어떻게 도울 수 있겠습니까?

홈빌더 원리

하나님이 누구이신지 그리고 우리가 그분께 얼마나 가치 있는 사람인지를 부부가 서로 잘 이해한다면, 잘못된 배우자에 대한 환상을 벗어버리고 배우자가 하나님이 기대하시는 사람으로 성장할 수 있도록 서로를 도울 수 있다.

부부 데이트

다음 모임 전까지 배우자와 함께 홈빌더 과제를 나누기 위한 데이트 시간을 정하십시오. 이 과제를 통해 깨달은 것이나 경험한 것 한 가지를 다음 시간에 나눌 것입니다.

날짜 _____ 시간 _____

장소 _____

홈빌더 과제

혼자 하는 과제

다음 질문에 답하십시오.

1. 자존감 목록

아래에 묘사된 항목을 읽고 자신에게 어느 정도 해당 되는지를 표시하십시오.

그렇지 않다	간혹 그럴 때도 있다	대개 그렇다	
1	2	3	변화를 두려워한다.
1	2	3	실수를 하면 당황해서 어쩔 줄 모른다.
1	2	3	거절당할까봐 두렵다.
1	2	3	부의 축적에서 정체성을 찾는다.
1	2	3	성취에서 정체성을 얻으려 한다.
1	2	3	의미 있는 인간관계를 만들기가 어렵다.
1	2	3	자신에 대해 비판적이다.
1	2	3	약점을 숨긴다.
1	2	3	쉽게 낙담한다.
1	2	3	자신을 포장하여 다른 사람을 조정하려 한다.
1	2	3	과거에서 벗어나지 못한다.
1	2	3	유력한 사람들과의 관계로 정체성을 찾는다.
1	2	3	방어적이다.
1	2	3	과도하게 자아를 의식한다.

그렇지 않다	간혹 그럴 때도 있다	대개 그렇다	
①	②	③	성과 중심적이다.
①	②	③	자신에 대해 비현실적인 기대를 한다.
①	②	③	직책에서 정체성을 찾는다.
①	②	③	계속해서 인정받아야 한다.
①	②	③	우유부단하다.
①	②	③	마음을 열기가 힘들다.
①	②	③	남에게 비판적이다.
①	②	③	실패를 두려워한다.
①	②	③	최악의 상황만을 생각한다.

2. 위의 항목들 가운데 자신이 가장 힘들어 하는 것은 무엇입니까? 두세 가지만 기록해 보십시오.

3. 이번에는 배우자가 가장 힘들어 할 것이라고 생각되는 것을 두세 가지 기록해 보십시오.

홈빌더 과제

부부가 함께하는 과제

1. '혼자 하는 과제'에서 했던 자존감 목록의 결과를 서로 나누십시오.

2. 당신이 배우자에 대해 생각했던 자존감 목록은 얼마나 정확했습니까? 배우자가 힘들어 하는 것 가운데 당신이 생각하지 못했던 것은 무엇입니까?

3. 배우자가 힘들어 하는 것을 서로 잘 도와주고 지지해 줄 수 있는 방법을 나누어 보십시오.

4. 고린도후서 12장 9절에서 10절을 읽으십시오. 바울은 자신의 약점을 어떤 관점으로 보고 있습니까? 바울의 그러한 관점을 어떻게 자신들에게 적용할 수 있을지 서로 나누십시오.

> "나에게 이르시기를 내 은혜가 네게 족하도다 이는 내 능력이 약한 데서 온전하여짐이라 하신지라 그러므로 도리어 크게 기뻐함으로 나의 여러 약한 것들에 대하여 자랑하리니 이는 그리스도의 능력이 내게 머물게 하려 함이라 그러므로 내가 그리스도를 위하여 약한 것들과 능욕과 궁핍과 박해와 곤고를 기뻐하노니 이는 내가 약한 그 때에 강함이라"(고린도후서12:9-10)

홈빌더 과제

5. 배우자와 함께 다음의 서약을 읽으십시오.

나는 당신에게 이렇게 서약합니다. 나는 이번 홈빌더 과정을 통해 우리의 결혼생활이 더욱 건강하게 세워져 갈 수 있도록 서로를 격려할 것입니다. 나는 홈빌더를 나의 스케줄에서 우선순위가 되도록 할 것이며 성실하게 부부 데이트와 홈빌더 과제를 할 것입니다.

_____ (서명)

이 서약은 배우자를 존중하는 당신의 표현입니다. 당신의 홈빌더 교재에 먼저 서명을 하시고 배우자의 교재에도 동일하게 서명을 하십시오.

6. 함께 기도로 마치십시오. 배우자를 주신 하나님께 감사하십시오. 당신의 약함을 사용하셔서 하나님의 능력이 드러나는 기회가 되게 해 달라고 기도하십시오. 그리고 배우자가 진정한 자신의 모습을 볼 수 있도록 도울 수 있게 해 달라고 기도하십시오.

달력에 '부부의 데이트'를 위한 날을 표시해두고 잊지 않도록 하십시오.

2과 있는 모습 그대로 사랑하라

무조건적인 사랑을 하는 부부는 자유하게 하는 힘을 서로에게 줄 수 있습니다.

부부데이트 나눔

1과의 부부데이트 홈빌더 과제를 하면서 배운 것 중 하나를 나누어주세요.

💚 마음 열기

절친한 친구
다음 질문 중에서 한 가지를 택하여 그룹원들과 나누십시오.

- 당신이 어린 시절 가장 친했던 친구는 누구였습니까? 그리고 두 사람이 그렇게 가깝게 된 이유는 무엇입니까?

- 새로 전학 간 학교, 입사한 직장, 또는 새 교회에서 적응할 수 있도록 당신을 도와준 사람을 생각해 보십시오. 그 사람이 당신에게 가장 큰 도움이 되었던 것은 무엇이었습니까?

- 당신이 가장 소속감을 느끼는 공동체나 팀은 어디입니까? 그 이유는 무엇입니까?

 청사진

인간의 가장 깊숙한 욕구는 무조건적으로 사랑받고 받아들여지고 싶은 것입니다. 하지만 불행하게도 많은 사람들과 부부들이 거절에 대한 두려움 때문에 영향을 받고 있습니다.

거절의 두려움이 주는 영향

1. 창세기 3장 6절에서 10절을 읽으십시오. 아담과 이브는 하나님으로부터 숨었습니다. 그들이 두려워한 것은 무엇이었습니까? 이와 같은 동일한 두려움이 오늘날에는 얼마나 있다고 생각하십니까?

> "여자가 그 나무를 본즉 먹음직도 하고 보암직도 하고 지혜롭게 할 만큼 탐스럽기도 한 나무인지라 여자가 그 열매를 따먹고 자기와 함께 있는 남편에게도 주매 그도 먹은지라 이에 그들의 눈이 밝아져 자기들이 벗은 줄을 알고 무화과나무 잎을 엮어 치마로 삼았더라 그들이 그 날 바람이 불 때 동산에 거니시는 여호와 하나님의 소리를 듣고 아담과 그의 아내가 여호와 하나님의 낯을 피하여 동산 나무 사이에 숨은지라 여호와 하나님이 아담을 부르시며 그에게 이르시되 네가 어디 있느냐 이르되 내가 동산에서 하나님의 소리를 듣고 내가 벗었으므로 두려워하여 숨었나이다"(창세기 3:6-10)

2. 사람들은 왜 거절당하는 것을 두려워할까요?

3. 거절에 대한 두려움이 부부관계에는 어떻게 영향을 줄 수 있습니까?

4. 에베소서 2장 4절에서 7절을 읽으십시오. 하나님께서 당신을 완전하게 받아들이셨다는 것을 이 말씀에서는 어떻게 표현하고 있습니까?

> "긍휼이 풍성하신 하나님이 우리를 사랑하신 그 큰 사랑을 인하여 허물로 죽은 우리를 그리스도와 함께 살리셨고 (너희는 은혜로 구원을 받은 것이라) 또 함께 일으키사 그리스도 예수 안에서 함께 하늘에 앉히시니 이는 그리스도 예수 안에서 우리에게 자비하심으로써 그 은혜의 지극히 풍성함을 오는 여러 세대에 나타내려 하심이라"(에베소서 2:4-7)

홈빌더 원리

건강한 결혼생활을 하기 위해서는 배우자를 무조건적으로 사랑하고 있는 모습 그대로 받아들이도록 노력해야 한다.

있는 모습 그대로 받아들이기

5. 창세기 2장 21절에서 24절을 읽으십시오. 아담은 이브를 아내로 수용하고 받아들이겠다는 마음을 어떻게 표현하고 있습니까?

> "여호와 하나님이 아담을 깊이 잠들게 하시니 잠들매 그가 그 갈빗대 하나를 취하고 살로 대신 채우시고 여호와 하나님이 아담에게서 취하신 그 갈빗대로 여자를 만드시고 그를 아담에게로 이끌어 오시니 아담이 이르되 이는 내 뼈 중의 뼈요 살 중의 살이라 이것을 남자에게서 취하였은즉 여자라 부르리라 하니라 이러므로 남자가 부모를 떠나 그의 아내와 합하여 둘이 한 몸을 이룰지로다"(창세기 2:21-24)

6. 연애기간에는 서로의 차이가 매력적으로 느껴져서 서로 끌리지만 결혼한 이후에는 그 차이가 갈등의 요인이 될 수 있습니다.

- 신체적인 차이 이외에 당신과 배우자가 다른 점이 있다면 무엇입니까?

- 하나님은 두 사람의 차이점들을 결혼생활에서 어떻게 사용하고 계십니까?

7. 배우자를 있는 모습 그대로 받아들이겠다는 마음을 보여 줄 수 있는 방법 한 가지를 생각해 보십시오.

사랑을 표현하기

당신이 배우자를 사랑하고, 있는 모습 그대로 받아들이는 마음이 항상 제대로 전달되지는 않을 수 있습니다. 그 때에는 당신의 마음을 표현하는 말이나 행동을 바꾸어야만 합니다. 그래야 당신이 배우자를 얼마나 있는 모습 그대로 사랑하고 있는지를 당신의 배우자가 알 수 있기 때문입니다.

8. 고린도전서 13장 4-8절에서 말하는 사랑의 요소를 보고 그 다음에 있는 질문에 답하십시오. (처음에는 각자 질문에 답하고, 그 다음에는 배우자와 서로의 답변을 나누십시오.)

사랑은
오래 참고
온유하며
시기하지 아니하며
자랑하지 아니하며
교만하지 아니하며
무례히 행하지 아니하며
자기의 유익을 구하지 아니하며
성내지 아니하며

악한 것을 생각하지 아니하며
불의를 기뻐하지 아니하며
진리와 함께 기뻐하고
모든 것을 참으며
모든 것을 믿으며
모든 것을 바라며
모든 것을 견디며
결코 실패하지 않는다.

● 위에 있는 사랑의 요소들 중에서 당신의 배우자가 주로 표현을 잘 하는 것은 무엇입니까? 당신이 사랑받는다고 느끼게 하는 배우자의 말과 행동은 구체적으로 어떤 것들입니까?

....

....

● 위에 있는 사랑의 요소들 가운데 당신이 배우자에게 더 잘 표현하고 싶은 것이 있다면 무엇입니까? 그리고 그것을 실천할 수 있는 방법 한 가지는 무엇입니까?

....

....

9. 요한일서 4장 18절을 읽으십시오. 이 말씀은 사랑의 영향력과 결과를 어떻게 설명하고 있습니까?

> "사랑 안에 두려움이 없고 온전한 사랑이 두려움을 내쫓나니 두려움에는 형벌이 있음이라 두려워하는 자는 사랑 안에서 온전히 이루지 못하였느니라"(요한일서 4:18)

....

....

부부 사랑의 핵심 원칙

당신이 주는 무조건적인 사랑을 경험할 때만 당신의 배우자는
안정감을 느낄 것이고, 그것이 상처받기 쉬운 당신의 결혼생활과 부부관계를
지켜줄 것이다.

부부 데이트

다음 모임 전까지 배우자와 함께 홈빌더 과제를 나누기 위한 데이트 시간을 정하십시오. 이 과제를 통해 깨달은 것이나 경험한 것 한 가지를 다음 시간에 나눌 것입니다.

날짜 _____ **시간** _____

장소 _____

홈빌더 과제

혼자 하는 과제

다음 질문에 답하십시오.

1. 배우자가 당신에게 보여준 사랑의 표현 중에서 가장 의미 있었던 것은 어떤 것입니까?

2. 배우자가 당신을 있는 모습 그대로 받아들이고 있음을 보여주었던 표현은 어떤 것입니까?

3. 지금 현재 사람들이 당신을 있는 모습 그대로 좋아해 주는 것 같고 당신도 자신감을 느끼는 영역은 무엇입니까?

4. 당신이 거절당할 것을 두려워하는 영역은 무엇입니까? 그런 두려움은 당신에게 어떤 영향을 미치고 있습니까?

5. 배우자가 당신에게 더 솔직하지 못하게 되는 이유가 당신에게 있다면, 당신의 어떤 면이 그런 어려움을 주고 있을까요?

6. 어떻게 하면 '두려움을 내어쫓는'(요일 4:18) 사랑을 배우자에게 더 잘 표현할 수 있을까요?

홈빌더 과제

부부가 함께하는 과제

1. '혼자 하는 과제'의 답을 배우자와 나누십시오.

2. 이번 과를 통해 배우자에 대해 알게 된 것이 있다면 서로 나누십시오.

3. 두 사람이 함께 로마서 15장 7절을 읽으십시오. 당신 부부는 어떻게 서로를 받아들이고 있습니까?

> "그러므로 그리스도께서 우리를 받아 하나님께 영광을 돌리심과 같이 너희도 서로 받으라"
> (로마서 15:7)

4. 홈빌더 과제를 통해 배우게 된 것을 가지고 서로를 위해 기도함으로 데이트를 마치십시오.

달력에 '부부 데이트'를 위한 날을 표시해두고 잊지 않도록 하십시오.

더 좋은 효과를 위하여

사랑의 엽서 쓰기

서로를 있는 모습 그대로 받아들이고 사랑하겠다는 마음을 새롭게 하기 위한 연습으로 이 방법을 사용할 수 있습니다.

예쁜 엽서를 준비하고 당신이 배우자를 있는 모습 그대로 사랑하려는 마음을 짧게 표현해 보십시오. 거기에는 거절에 대한 두려움도 벗어버리겠다는 말도 포함하십시오. 그리고 밑에 당신의 서명을 하고 배우자에게 이 사랑의 엽서를 전달하십시오.

과거의 영향력으로부터 벗어나라

배우자의 자존감에 영향을 주었던 과거를 이해한다면 부부관계를 희망으로 새롭게 세워갈 수 있습니다.

부부데이트 나눔

2과의 부부데이트 홈빌더 과제를 하면서 배운 것 중 하나를 나누어주세요.

💚 마음 열기

기억의 골목을 더듬어보라

1. 다음 질문 중 한 가지를 택하여 어린 시절의 기억을 나누십시오.
   - 아직도 생각만 하면 흐뭇해지는 긍정적인 경험, 예를 들어 어떤 성취나 혹은 당신에 관해 누군가가 해준 칭찬 등에는 어떤 것들이 있습니까?

   _____

   _____

   - 당황스럽거나 창피했던 경험이었지만 지금은 웃으면서 말할 수 있는 기억은 어떤 것입니까?

   _____

   _____

2. 자신의 유년시절을 되돌아 볼 때 대체로 어떤 기분이 듭니까?
   - 속이 울렁거리고 손바닥에 땀이 축축해진다.
   - 그 시절이 지나 간 것이 다행이다.
   - 다시 한 번 그 때로 돌아가고 싶다.
   - 생각만 해도 웃음이 떠오른다.
   - 기타 : _____

 청사진

특별한 메시지

자신이 깨닫지 못할 때에도 과거의 잘못된 선택이나 실수는, 그것이 내가 한 것이든 다른 사람에 의해 강요된 것이든, 지금의 우리 생활에 깊은 영향을 미치고 있습니다. 이번 시간에는 민감한 과거의 어떤 부분들을 건드리게 될 수도 있습니다. 썩 유쾌하지 않은 이와 같은 일을 하는 것은 누군가를 당황하게 하거나 오래된 상처를 파헤치거나 또는 하나님이 이미 용서하신 어떤 죄에 대한 죄책감을 만들어 내려는 의도가 아닙니다. 여기에는 다음의 두 가지 목표가 있습니다.

- 좋은 경험이든 나쁜 경험이든 과거에 있었던 일이 현재에 영향력을 미치고 있음을 깨닫게 된다.

- 과거가 주는 영향을 벗어버리도록 도와주는 성경적인 원리들을 배운다.

당신과 당신의 배우자는 하나님의 용서하심을 서로 일깨워줌으로서 부부관계를 세울 수 있습니다. 그렇지만 당신이 이 일을 할 자신이 없다면 목회자나 좋은 그리스도인 상담가의 도움을 구할 것을 권합니다.
이번 홈빌더 모임과 홈빌더 과제를 하면서 배우자가 당황하고 수치스러워 할 어떤 것을 반드시 드러내야 하는 것은 아님을 꼭 기억하십시오.

과거가 주는 영향력

1. 당신에게 영향을 미치는 과거의 한 영역은 부모님과의 관계입니다. 부모님과의 관계가 당신의 인생에 어떤 영향을 주었습니까?

   ● 긍정적인 영향

   ● 부정적인 영향

2. 친구, 형제, 선생님 등의 사람들 중에서 지금 현재의 당신에게 가장 큰 영향을 주었던 사람은 누구입니까?

3. 다윗 왕의 생애를 통해 우리는 과거가 우리에게 어떻게 영향을 미치는지 알 수 있습니다.

   ● 사무엘하 11장을 읽으십시오. 다윗은 무슨 죄를 저질렀습니까?

- 시편 51편을 읽으십시오. 다윗의 심정은 어떠했을까요? 다윗은 자신의 과거를 어떻게 다루었습니까?

당신과 당신의 배우자가 과거의 영향력으로부터 벗어나서 미래를 향한 소망을 갖기 위해서는 예수 그리스도를 통한 하나님의 용서하심을 경험하고 표현해야 한다.

말씀이 주는 격려

4. 이사야서 43장 18절에서 19절을 읽으십시오. 이 말씀에서 당신은 미래에 대한 어떤 격려를 받을 수 있습니까?

> "너희는 이전 일을 기억하지 말며 옛날 일을 생각하지 말라 보라 내가 새 일을 행하리니 이제 나타낼 것이라 너희가 그것을 알지 못하겠느냐 반드시 내가 광야에 길을 사막에 강을 내리니"
> (이사야 43:18-19)

5. 회심하기 전에 바울은 적극적으로 그리스도인들을 박해하였습니다(사도행전 8:3, 22:4). 그러나 예수 그리스도를 통해 그는 자신의 과거를 벗어버릴 수 있었습니다. 그렇기 때문에 바울서신은 우리가 과거를 잘 다룰 수 있도록 도움을 줍니다. 아래의 바울서신에서는 우리의 미래에 대해 어떤 희망과 격려를 주고 있습니까?

- 로마서 8:1-2

"그러므로 이제 그리스도 예수 안에 있는 자에게는 결코 정죄함이 없나니 이는 그리스도 예수 안에 있는 생명의 성령의 법이 죄와 사망의 법에서 너를 해방하였음이라"

- 로마서 8:37-39

"그러나 이 모든 일에 우리를 사랑하시는 이로 말미암아 우리가 넉넉히 이기느니라 내가 확신하노니 사망이나 생명이나 천사들이나 권세자들이나 현재 일이나 장래 일이나 능력이나 높음이나 깊음이나 다른 어떤 피조물이라도 우리를 우리 주 그리스도 예수 안에 있는 하나님의 사랑에서 끊을 수 없으리라"

- 고린도후서 5:17

"그런즉 누구든지 그리스도 안에 있으면 새로운 피조물이라 이전 것은 지나갔으니 보라 새 것이 되었도다"

- 에베소서 4:32

"서로 친절하게 하며 불쌍히 여기며 서로 용서하기를 하나님이 그리스도 안에서 너희를 용서하심과 같이 하라"

- 빌립보서 3:12-14

"내가 이미 얻었다 함도 아니요 온전히 이루었다 함도 아니라 오직 내가 그리스도 예수께 잡힌 바 된 그것을 잡으려고 달려가노라 형제들아 나는 아직 내가 잡은 줄로 여기지 아니하고 오직 한 일 즉 뒤에 있는 것은 잊어버리고 앞에 있는 것을 잡으려고 푯대를 향하여 그리스도 예수 안에서 하나님이 위에서 부르신 부름의 상을 위하여 달려가노라"

- 빌립보서 4:6-7

"아무 것도 염려하지 말고 다만 모든 일에 기도와 간구로, 너희 구할 것을 감사함으로 하나님께 아뢰라 그리하면 모든 지각에 뛰어난 하나님의 평강이 그리스도 예수 안에서 너희 마음과 생각을 지키시리라"

6. 위의 말씀들 가운데 지금 당신에게 가장 의미가 있는 것은 어떤 것입니까? 그리고 그 이유는 무엇입니까?

과거의 영향으로부터 벗어나도록 배우자를 돕는 것

7. "그리스도 안에서 하나님이 당신을 용서하셨듯이" 우리도 서로 용서해야 한다는 것을 에베소서 4장 32절의 말씀에서 깨닫게 됩니다. 결혼관계에서 당신은 그 말씀을 어떻게 적용할 수 있습니까?

> "서로 친절하게 하며 불쌍히 여기며 서로 용서하기를 하나님이 그리스도 안에서 너희를 용서하심과 같이 하라"(에베소서 4:32)

8. 빌립보서 3장 13절에서는 "뒤에 있는 것은 잊어버리고"라고 합니다. 배우자가 그 말씀을 현실로 경험하도록 당신은 어떻게 도울 수 있을까요?

> "형제들아 나는 아직 내가 잡은 줄로 여기지 아니하고 오직 한 일 즉 뒤에 있는 것은 잊어버리고 앞에 있는 것을 잡으려고 푯대를 향하여 그리스도 예수 안에서 하나님이 위에서 부르신 부름의 상을 위하여 달려가노라"(빌립보서 3:13-14)

홈빌더 원리

배우자의 과거를 대할 때 배우자를 사랑하고 있는 모습 그대로 받아들이며 용서하는 것이 배우자가 과거의 영향력으로부터 벗어날 수 있도록 돕는 최선의 방법이다.

과거로부터 받은 긍정적인 영향의 강조

과거는 우리에게 긍정적인 면과 부정적인 면 모두에서 영향을 미치지만, 현재 문제를 일으키는 것은 부정적인 면들입니다. 당신 부부가 과거로부터 받은 부정적인 영향들을 극복하도록 서로 도와주려고 할 때에는 과거로부터 받은 긍정적인 영향을 반드시 활용해야 합니다.

9. 긍정적인 요소를 적은 다음의 목록에서 배우자에게서 특별히 잘 두드러진 장점 한 가지를 선택하십시오. 배우자가 그 장점을 드러낼 때의 부부관계가 어떠했는지 생각해보고 그 경험을 그룹원들과 나누십시오.

- 친절하다
- 관대하다
- 용기가 있다
- 잘 용서 한다

- 인내심이 있다
- 분별력이 있다
- 강인하다
- 겸손하다

뿌뿌 데이트

다음 모임 전까지 배우자와 함께 홈빌더 과제를 나누기 위한 데이트 시간을 정하십시오. 이 과제를 통해 깨달은 것이나 경험한 것 한 가지를 다음 시간에 나눌 것입니다.

날짜   시간

장소

홈빌더 과제

현재 나의 자존감은 과거의 사건들로부터 커다란 영향을 받고 있습니다. 이번 홈빌더 과제를 하면서 부부는 과거의 여러 부분들에 관해 이야기하게 될 것입니다. 그리고 그런 과정을 통해 두 사람이 서로를 더 깊이 알아가는 기회를 갖게 될 것입니다. "온전한 사랑은 두려움을 내어 쫓느니라"(요일 4:18) 고 하신 말씀을 기억하십시오.

주: 만약 당신이 배우자에게 자신의 마음을 털어놓는 것에 자신이 없다면 지금 이 시간에 그 일을 하지 않아도 됩니다. 이런 자리에서 다룰 수도 없고 다루어서도 안 되는 큰 짐이 되는 문제라면 반드시 외부의 상담을 구해야 할 것입니다.

혼자 하는 과제

아래의 세 가지 영역(부모님, 친구, 일반적인 과거의 경험) 중 하나를 선택해서 답하십시오. (당신과 배우자가 서로 다른 영역을 선택할 수도 있을 것입니다.)

부모님
1. 어린 시절의 가족과 부모님에 대해 묘사해 보십시오. 어떤 단어들이 머리에 떠오릅니까?

2. 어머니와 아버지가 부모로서 최선을 다하셨다고 생각되는 것은 무엇입니까?
   - 어머니

   - 아버지

3. 부모님이 잘 하지 못하신 것들이 있다면 무엇입니까?
   - 어머니

   - 아버지

4. 아래의 질문들에 답을 하면서 부모님과 당신의 관계를 묘사해 보십시오..
   당신에게 가장 소중하게 남아 있는 추억은 무엇입니까?
   - 어머니

   - 아버지

홈빌더 과제

당신과의 관계에서 부모님이 그런 모습이 아니었으면 좋았겠다고 생각하는 한 가지가 있다면 어떤 것입니까?
- 어머니

- 아버지

부모님이 당신에게 끼친 가장 큰 영향은 무엇입니까?
- 어머니

- 아버지

5. 지금 현재 당신이 부모님에 대해 느끼고 있는 감정은 어떤 것입니까?
- 어머니

- 아버지

6. 부모님으로부터 받은 상처 때문에 아직도 풀지 못한 원망이나 분노의 감정이 남아 있다면 그 감정을 솔직하게 적어 보십시오. 만일 부모님이 생존해 계신다면 그 감정을 해결하기 위해 당신이 해야 할 행동은 무엇일까요?

친구

1. 지금 당신이 가지고 있는 모습 가운데 좋은 것이든 나쁜 것이든 친구들로부터 받은 영향이 있다면 구체적으로 적어 보십시오.

2. 과거에 친구가 당신에게 주었던 영향 가운데 이제는 성경의 말씀을 의지하여(빌립보서 3:13-14) 극복하거나 용서해야 할 상처나 사건이 있습니까?

> "형제들아 나는 아직 내가 잡은 줄로 여기지 아니하고 오직 한 일 즉 뒤에 있는 것은 잊어버리고 앞에 있는 것을 잡으려고 푯대를 향하여 그리스도 예수 안에서 하나님이 위에서 부르신 부름의 상을 위하여 달려가노라"(빌립보서 3:13-14)

홈빌더 과제

3. 당신의 친구들로부터 현재 당신이 가지고 있는 가치관이나 소신에 긍정적이든 부정적이든 도전을 받고 있는 것이 있다면 무엇입니까?

4. 친구나 동료의 잘못된 가치관을 따라 가느라고 하나님께서 당신에게 기대하는 가치를 따라 살지 못하고 있지는 않습니까?(로마서12장 1절-2절을 보십시오.) 만약 그렇다면 당신은 그 관계를 어떻게 변화시켜 가야 하겠습니까?

일반적인 과거의 경험

1. 긍정적이든 부정적이든 과거에 당신의 자존감 형성에 큰 영향을 주었던 사람이나 경험은 어떤 것입니까?

2. 현재까지 당신에게 지속적으로 영향을 주고 있는 과거의 사건은 무엇입니까?

3. 이번 홈빌더 모임에서 배운 것 가운데 당신이 과거에 받은 영향을 극복하기 위해 적용할 수 있는 한 가지는 무엇입니까?

4. 배우자가 과거를 극복하고 앞으로 나갈 수 있도록 도울 수 있는 실제적인 방법은 무엇일까요?

5. 청사진 질문 4번과 5번의 성경 말씀을 다시 읽으십시오. 과거에 받은 영향을 극복하기 위해 그 말씀을 당신의 생활에 어떻게 적용할 수 있을까요?

홈빌더 과제

배우자와 함께 하는 과제

1. '혼자 하는 과제'의 질문들에 대한 답을 서로 나누십시오. 배우자의 과거에 대해 이해하려는 자세로 적극적으로 듣고, 비난하지 않도록 노력하십시오.

2. 과거에 관한 질문에 답하면서 당신이 느꼈던 감정을 배우자와 나누십시오.

3. 이번 홈빌더 과제를 하면서 당신이 결심한 것을 실천하려고 할 때 배우자의 도움이 필요한 것은 무엇인지 서로 나누십시오.

4. 요한일서 1장 9절, 고린도후서 5장 17절, 고린도후서 5장 21절을 읽으십시오. 믿음으로 당신의 과거를 하나님께 감사하고, 이 말씀이 당신의 삶에서 이루어지기를 배우자와 함께 기도하십시오.

> "만일 우리가 우리 죄를 자백하면 그는 미쁘시고 의로우사 우리 죄를 사하시며 우리를 모든 불의에서 깨끗하게 하실 것이요"(요한일서 1:9)
>
> "그런즉 누구든지 그리스도 안에 있으면 새로운 피조물이라 이전 것은 지나갔으니 보라 새 것이 되었도다"(고린도후서 5:17)
>
> "하나님이 죄를 알지도 못하신 이를 우리를 대신하여 죄로 삼으신 것은 우리로 하여금 그 안에서 하나님의 의가 되게 하려 하심이라"(고린도후서 5:21)

달력에 '부부 데이트'를 위한 날을 표시해두고 잊지 않도록 하십시오

4과
긍정적인 말의 씨앗을 뿌리라

당신의 말에는 배우자를 세우거나 무너뜨릴 수 있는 굉장한 힘이 있습니다.

부부데이트 나눔

3과의 부부데이트 홈빌더 과제를 하면서 배운 것 중 하나를 나누어주세요.

 마음 열기

누구일까요?

종이 한 장이나 메모지에 자신을 설명하는 단어나 문장 3-4개를 쓴 다음 그것을 모임 인도자에게 주십시오. 모임 인도자는 받은 목록들을 무작위로 하나씩 읽고 그룹원들은 그 목록이 누구에 대한 것인지 추측해서 써 보십시오. 각 자가 추측한 것을 나누고 난 후 다음의 질문에 답하십시오.

- 어떻게 말은 우리의 마음에 그림을 그리게 할까요?

 청사진

말의 힘

1. "채찍과 돌이 내 뼈를 부수더라도 말로는 절대 나를 해치지 못하리라."라는 말이 있습니다. 이제 어른이 되어 어린 시절 내가 들었던 말을 생각해보면, 어떤 느낌이 듭니까?

2. 당신의 삶에 미치는 말의 힘에 대해 생각해보세요. 긍정적이든 부정적이든 당신이 자라면서 들었던 말 가운데 지금까지 기억에 남는 것은 어떤 것입니까?

3. 어떤 말이 기억에 더 잘 남습니까? 긍정적인 말입니까? 부정적인 말입니까? 왜 그럴까요?

4. 말을 씨앗에 비교할 수 있습니다. 다음의 잠언 말씀을 말의 힘이라는 측면에서 살펴보십시오.

- 잠언 11:9

"악인은 입으로 그의 이웃을 망하게 하여도 의인은 그의 지식으로 말미암아 구원을 얻느니라"

- 잠언 12:25

"근심이 사람의 마음에 있으면 그것으로 번뇌하게 되나 선한 말은 그것을 즐겁게 하느니라"

- 잠언 15:4

"온순한 혀는 곧 생명 나무이지만 패역한 혀는 마음을 상하게 하느니라"

- 잠언 16:24

"선한 말은 꿀송이 같아서 마음에 달고 뼈에 양약이 되느니라"

- 잠언 24:26

"적당한 말로 대답함은 입맞춤과 같으니라"

- 잠언 25:11

"경우에 합당한 말은 아로새긴 은 쟁반에 금 사과니라"

위의 말씀 가운데 당신의 마음에 가장 와 닿는 것은 어떤 것이며 그 이유는 무엇입니까?

_____

_____

칭찬의 힘

말은 조심스럽고 건설적으로 사용되어야 합니다. 다음 질문에 답하면서 배우자에게 어떻게 말하는 것이 좋을지 생각해 보십시오.

5. 당신이 받았던 최고의 칭찬이나 격려의 말은 무엇입니까?

　

　

6. 칭찬을 하거나 받는 것을 힘들어 하는 사람들이 있습니다. 왜 그럴까요? 당신의 경우에는 칭찬을 하는 것과 받는 것 가운데 어느 쪽이 더 어렵게 느껴집니까?

　

　

7. 룻기 2장 8절에서 15절을 읽으십시오. 보아스와 룻은 평범한 일상의 만남에서도 서로를 향한 칭찬과 적절한 반응을 주고받고 있습니다. 두 사람의 모습을 보면서 당신 부부의 일상적인 대화에 적용하고 싶은 것은 무엇입니까?

> 보아스가 룻에게 이르되 내 딸아 들으라 이삭을 주우러 다른 밭으로 가지 말며 여기서 떠나지 말고 나의 소녀들과 함께 있으라 그들이 베는 밭을 보고 그들을 따르라 내가 그 소년들에게 명령하여 너를 건드리지 말라 하였느니라 목이 마르거든 그릇에 가서 소년들이 길어 온 것을 마실지니라 하는지라. 룻이 엎드려 얼굴을 땅에 대고 절하며 그에게 이르되 나는 이방 여인이거늘 당신이 어찌하여 내게 은혜를 베푸시며 나를 돌보시나이까 하니 보아스가 그에게 대답하여 이르되 네 남편이 죽은 후로 네가 시어머니에게 행한 모든 것과 네 부모와 고국을 떠나 전에 알지 못하던 백성에게로 온 일이 내게 분명히 알려졌느니라 여호와께서 네가 행한 일에 보답하시기를 원하며 이스라엘의 하나님 여호와께서 그의 날개 아래에 보호를 받으러 온 네게 온전한 상 주시기를 원하노라 하는지라. 룻이 이르되 내 주여 내가 당신께 은혜 입기를 원하나이다 나는 당신의 하녀 중의 하나와도 같지 못하오나 당신이 이 하녀를 위로하시고 마음을 기쁘게 하는 말씀을 하셨나이다 하니라. 식사할 때에 보아스가 룻에게 이르되 이리로 와서 떡을 먹으며 네 떡 조각을 초에 찍으라 하므로 룻이 곡식 베는 자 곁에 앉으니 그가 볶은 곡식을 주매 룻이 배불리 먹고 남았더라.(룻기 2:8-15)

8. 배우자를 칭찬할 때에는 구체적으로 하는 것이 중요합니다. 배우자를 칭찬하기 위한 다음의 문장을 완성해 보십시오.

- 당신이 _____ 해주어서 고마워요.

- 당신이 _____ 했을 때 난 사랑을 받고 있다고 느꼈어요.

- 나는 _____ 때문에 당신과 함께 있는 게 좋아요.

- 당신이 _____ 한 것에 대해 존경합니다.

- 나는 당신이 _____ 할 수 있다는 것을 확신해요.

- 당신이 정말 잘 하는 것은 _____ 입니다.

홈빌더 원리

칭찬은 배우자를 변화시키고 결혼생활을 개선한다.

부부 데이트

다음 모임 전까지 배우자와 함께 홈빌더 과제를 나누기 위한 데이트 시간을 정하십시오. 이 과제를 통해 깨달은 것이나 경험한 것 한 가지를 다음 시간에 나눌 것입니다.

날짜　　　　　　　　**시간**

장소

홈빌더 과제

혼자 하는 과제

다음 질문에 답하십시오.

1. 이번 홈빌더 모임에서 당신이 배운 것이나 가장 도움이 되었던 것은 무엇입니까?

2. 사람들은 결혼하고 시간이 지날수록 상대방에게 쓰는 말의 영향력에 대해 의식하지 못하거나 무시하는 경향이 있습니다. 왜 그렇게 된다고 생각합니까? 언어의 위력을 이해하면 배우자를 대하는 당신의 언어 사용 습관이 어떻게 바뀔 수 있을까요?

3. 당신을 격려하고 영적인 자극을 주는 배우자의 말에는 어떤 것이 있습니까?

4. 당신의 자신감을 떨어뜨리거나 낙담하게 만드는 배우자의 말에는 어떤 것이 있습니까?

5. 당신이 배우자를 더 자주 칭찬하고 격려 할 수 있는 방법은 무엇입니까?

홈빌더 과제

부부가 함께하는 과제

1. 한글 자음을 이용해서 서로 칭찬하는 게임을 해 보십시오. 먼저 한 사람이 'ㄱ'을 말하고는 "당신은 가을의 향기로운 '국화'같아" 또는 "당신은 하늘의 '구름'처럼 아름다워" 라고 합니다. 그 다음에는 상대방이 'ㄴ'을 가지고 문장을 만들어서 칭찬합니다. 이런 방법으로 자음을 계속 이어가면서 몇 번 더 게임을 진행 합니다.

2. '혼자 하는 과제'에서 했던 질문 1-5번의 답을 나누십시오. 서로를 이해하려는 마음과 솔직하고 친절한 태도가 중요합니다.

3. 각자가 적용하려고 하는 것이 배우자가 원하는 것과 맞는지 서로 의논하고 구체적인 실천 방법을 정하십시오.

4. 배우자를 주신 하나님께 감사하며 함께 기도함으로 마칩니다.

달력에 '부부 데이트'를 위한 날을 표시해두고 잊지 않도록 하십시오.

5과 실패의 두려움을 이기게 하라

자존감을 자신이 이룬 업적과 구분할 수 있을 때 실패의 두려움에서 자유롭게 된다.

부부데이트 나눔

4과의 부부데이트 홈빌더 과제를 하면서 배운 것 중 하나를 나누어주세요.

♥ 마음 열기

큰 그림

다음 질문 중에서 하나를 선택하여 그룹원들과 나누십시오.

● 당신이 경험하거나 시도했던 일 중에서 가장 실패의 위험이 크고 도전적이었던 일 한 가지는 무엇입니까?

● 만일 실패의 위험성도 없고 재정적인 문제도 없다면 당신이 하고 싶은 꿈은 무엇입니까?

● 당신의 인생을 돌아볼 때 비록 실패로 끝났지만 나중에는 감사할 수 있었던 것은 무엇입니까?

 청사진

인생에서 실패는 누구에게나 있습니다. 모든 일을 언제나 완벽하게 해내는 사람은 없습니다. 직장에서 해고되거나 삶의 방향을 잃어버렸을 때 우리는 실패로 인한 고통스러운 시간을 받아들이고 다룰 수 있도록 배우자로부터 도움을 받을 수 있습니다.

실패는 다음의 두 가지로 분류 됩니다:

- 거짓말, 탐욕, 욕정 등과 같이 죄가 되는 실패
- 악의 없는 실수, 오해, 무엇인가를 잊어버린 것과 같이 죄가 되지 않는 실패

모든 죄는 실패이지만 모든 실패가 죄가 되는 것은 아닙니다.

이번 시간에 우리는 죄의 영향과 실패를 다룰 수 있도록 부부가 서로를 도울 수 있는 방법들을 살펴볼 것입니다. 여기에서 가장 중요한 질문은 '배우자가 실패했을 때 당신이 어떻게 반응할 것인가?'입니다.

실패의 영향

1. 현대의 문화는 건강하고 부유하고 권력을 가진 사람만이 가치가 있다고 말하는 성공 신드롬에 빠져 있습니다. 다음의 성경 말씀은 그러한 사고방식에 대해 무엇이라고 말합니까?

   ....

   ....

- 사무엘상 16:7

"여호와께서 사무엘에게 이르시되 그의 용모와 키를 보지 말라 내가 이미 그를 버렸노라 내가 보는 것은 사람과 같지 아니하니 사람은 외모를 보거니와 나 여호와는 중심을 보느니라 하시더라"

- 마태복음 6:33

"그런즉 너희는 먼저 그의 나라와 그의 의를 구하라 그리하면 이 모든 것을 너희에게 더하시리라"

배우자를 실패에서 자유롭게 하는 6단계

이번 시간을 통해 우리는 부부가 서로에게 실패의 위험을 두려워하지 않게 하고, 실패했을 때 회복할 힘을 줄 수 있는 6단계를 살펴 볼 것입니다.

1단계 : 실패를 용서하고 부부관계를 회복하십시오.

2. 누가복음 15장 11절에서 32절을 읽으십시오. 돌아온 탕자의 이야기에서 다음의 내용을 생각해 보십시오.

- 둘째 아들이 실패했을 때 그의 자존감은 어떻게 되었을까요?

● 그 아들의 마음이 낮아져서 회복하고자 하는 열망을 보이자 아버지의 반응은 어떠했습니까?

3. 이 비유는 당신에게 하나님의 사랑과 용서에 대해 무엇을 가르쳐주고 있습니까? 당신의 배우자가 실패를 경험했을 때 이 교훈을 어떻게 적용할 수 있겠습니까?

2단계 : 배우자가 이룬 결과와 상관없이 당신의 변함없는 사랑을 확인시키십시오.

4. 당신이 힘든 시기를 지나고 있을 때 당신의 배우자가 보여주는 사랑은 당신에게 얼마나 큰 도움을 줄까요?

3단계 : 배우자의 가치를 일깨워 주십시오. "당신의 가치는 당신이 한 일이 아니라 당신 자신입니다."

5. 실패는 할 수 있어도 실패자는 되지 않을 방법이 있을까요? 배우자가 실패했을 때 배우자에게 실패자가 아니라는 분명한 메시지를 어떻게 전달할 수 있을까요?

4단계 : 하나님이 세상을 다스리신다는 진리로 배우자를 위로하십시오.

로마서 8장 28절을 읽으십시오.

> "우리가 알거니와 하나님을 사랑하는 자 곧 그의 뜻대로 부르심을 입은 자들에게는 모든 것이 합력하여 선을 이루느니라"(로마서 8:28)

6. 하나님이 당신의 실패 중 하나를 선하게 들어 쓰신 경험을 나누십시오.

5단계 : 배우자와 함께 모든 일에 감사하십시오.

데살로니가전서 5장 18절을 읽으십시오.

> "범사에 감사하라 이것이 그리스도 예수 안에서 너희를 향하신 하나님의 뜻이니라"
> (데살로니가전서5:18)

7. 왜 우리는 실패 가운데에서도 하나님께 감사해야 합니까?

6단계 : 실패해도 용기를 잃지 않도록 배우자를 격려하십시오.

고린도후서 4장 16절에서 18절을 읽으십시오.

> "그러므로 우리가 낙심하지 아니하노니 우리의 겉사람은 낡아지나 우리의 속사람은 날로 새로워지도다 우리가 잠시 받는 환난의 경한 것이 지극히 크고 영원한 영광의 중한 것을 우리에게 이루게 함이니 우리가 주목하는 것은 보이는 것이 아니요 보이지 않는 것이니 보이는 것은 잠깐이요 보이지 않는 것은 영원함이라"(고린도후서 4:16-18)

8. 당신이 어려운 시기를 지날 때 배우자로부터 받고 싶은 격려가 있다면 어떤 것입니까?

홈빌더 원리

당신이 배우자에게 실패로부터 자유로울 수 있게 해 준다면
그 실패는 심판이 아니라 교훈이 될 수 있다.

9. 다음의 시나리오를 읽고 그 상황에서 위의 6단계를 어떻게 적용할 수 있을지 나누십시오.

- 민수는 습관적으로 지각한다. 그는 직장에도 늦고 집에도 늦고 교회에도 늦는다. 그의 아내는 그런 그를 어떻게 도울 수 있을까요?

- 혜지는 좋은 사업 구상을 하고 있지만 실현에 옮길 자신감이 부족하다. 남편은 그런 그녀를 어떻게 도울 수 있을까요?

- 영철은 회사의 구조조정으로 인해 막 직장을 잃었다. 그의 아내는 그를 어떻게 도울 수 있을까요?

- 은지는 어떤 결정을 내릴 때면 과도하게 긴장을 한다. 그래서 신속한 결정을 원하는 상황은 피하려고 한다. 그녀의 남편은 이런 그녀를 어떻게 도울 수 있을까요?

부부 데이트

다음 모임 전까지 배우자와 함께 홈빌더 과제를 나누기 위한 데이트 시간을 정하십시오. 이 과제를 통해 깨달은 것이나 경험한 것 한 가지를 다음 시간에 나눌 것입니다.

날짜 _____ 시간 _____

장소 _____

홈빌더 과제

혼자 하는 과제

다음 질문에 답하십시오.

1. 청사진 부분을 다시 한 번 살펴보십시오. 이번 홈빌더 모임을 통해 당신이 배운 것이 있다면 무엇입니까?

2. 당신의 결혼생활에서 실패했던 경험은 무엇입니까? 그것이 결혼생활에는 어떤 영향을 주었습니까?

3. 당신의 배우자는 '배우자를 실패에서 자유롭게 하는 6단계'에서 어떤 것을 가장 잘 하고 있습니까? 구체적인 예를 한 가지 들어 보십시오.

4. 6단계 가운데 배우자를 돕기 위해 당신이 조금 더 노력해야 하는 것은 무엇입니까?

홈빌더 과제

5. 당신은 지금 실패의 위험을 감수할 의사가 있습니까? 1부터 10까지 점수를 매겨 보십시오. 당신은 자신에게 몇 점을 주었으며 그 이유는 무엇입니까?

6. 당신이 실패에 대한 두려움을 가장 많이 느끼는 영역은 무엇입니까? 아래의 항목들 가운데 2가지를 선택하십시오.

- 직장생활
- 남편이나 아내로서의 역할
- 부모 역할
- 재정 관리
- 가정
- 새로운 사업
- 친구 역할
- 감정 조절
- 그리스도인의 삶
- 기타 _____

7. '배우자를 실패에서 자유롭게 하는 6단계' 가운데 당신이 배우자로부터 가장 받고 싶은 것 한 가지는 무엇입니까? 그리고 그것을 위해 배우자가 해 주기 원하는 것을 구체적으로 적어 보십시오.

홈빌더 과제

부부가 함께하는 과제

1. 다음의 질문을 부부가 함께 나누십시오.
   - 당신이 어렸을 때 가장 하고 싶었거나 되고 싶었던 것은 무엇입니까?

   - 성장하면서 당신의 꿈을 이루도록 격려를 받았던 경험이나 반대로 낙담되었던 경험은 무엇입니까?

   - 당신이 하고 싶거나 시도 해보고 싶은 꿈 -지금은 그 꿈에서 아무리 멀어졌다 하여도- 한 가지는 무엇입니까?

2. '혼자 하는 과제'에서 답했던 질문을 함께 나누십시오.

3. 당신의 결혼생활이 실패를 두려워하지 않을 수 있는 안전한 관계가 되도록 하기 위해 당신은 어떻게 할 수 있습니까?

4. 두 사람이 함께 베드로전서 4장 8절을 읽으십시오. 이 말씀에서는 배우자가 실패했을 때 당신에게 어떻게 하라고 말하고 있습니까?

> "무엇보다도 뜨겁게 서로 사랑할지니 사랑은 허다한 죄를 덮느니라" (베드로전서 4:8)

5. 당신을 실패의 두려움에서 자유롭게 하시는 하나님께 감사를 드리십시오. 그리고 성령의 능력 안에서 실패의 두려움을 극복할 수 있도록 서로 돕는 부부가 될 수 있게 하신 하나님께 감사를 드리십시오.

달력에 '부부 데이트'를 위한 날을 표시해두고 잊지 않도록 하십시오.

6과 배우자를 존중하고 귀하게 여기라

부부는 자신의 배우자가 하나님이 의도하신 그 모습이 될 수 있도록 서로 사랑하고 지지하며 격려해야 합니다.

부부데이트 나눔

5과의 부부데이트 홈빌더 과제를 하면서 배운 것 중 하나를 나누어주세요.

 마음 열기

홈빌더를 마치면서

마지막 홈빌더 시간입니다. 다음 질문들 중에서 하나를 선택하여 이번 홈빌더 모임에 대해 그룹원들과 나누십시오.

- 이번 홈빌더 모임이 당신에게 어떤 의미가 있었습니까?

- 이번 홈빌더 모임에서 배운 것 가운데 당신이 실제적으로 적용한 것은 무엇입니까?

- 이번 홈빌더 모임을 통해 당신 자신이나 결혼생활에서 변화된 것이 있다면 무엇입니까?

- 이번 홈빌더 모임을 통해 배우자에 대해 새롭게 알게 된 것은 무엇입니까?

 청사진

이번 과에서는 남편 그룹과 아내 그룹으로 나누어서 진행할 것입니다.

남편을 위한 나눔

아내를 동역자로 여기라

1. 베드로전서 3장 7절을 읽으십시오. 이 말씀에서는 남편이 아내를 어떻게 생각해야 한다고 말씀하고 있습니까?

> "남편들아 이와 같이 지식을 따라 너희 아내와 동거하고 그를 더 연약한 그릇이요 또 생명의 은혜를 함께 이어받을 자로 알아 귀히 여기라 이는 너희 기도가 막히지 아니하게 하려 함이라"
> (베드로전서 3:7)

2. 당신의 아내가 '연약한 그릇-동역자'(as the weaker partner) 라는 말을 들을 때에 어떤 생각이 떠오릅니까?

3. 당신이 바라는 아내의 모습은 어떤 것입니까? 3-5가지를 적고 그 중에 한두 가지를 그룹 원들과 나누십시오.

4. 아내의 자존감을 세워주기 위해 아내가 당신에게 중요하고 필요하다는 것을 어떻게 알려 줄 수 있겠습니까?

아내를 존중하라

5. 베드로전서 3장 7절은 남편들에게 그 아내를 '귀히 여기라'(respect)고 권면합니다. 아내를 귀하게 여기고 존중하는 마음을 전달할 수 있는 방법에는 어떤 것들이 있을까요?

6. 남편이 아내를 존중하지 않고 무시하는 태도에는 어떤 것들이 있을까요?

아내를 격려하라

7. 에베소서 5장 25절에서 29절을 읽으십시오. 남편이 아내를 "그리스도가 교회를 사랑하듯" 사랑하라는 말씀은 무슨 뜻이라고 생각합니까?

> "남편들아 아내 사랑하기를 그리스도께서 교회를 사랑하시고 그 교회를 위하여 자신을 주심 같이 하라 이는 곧 물로 씻어 말씀으로 깨끗하게 하사 거룩하게 하시고 자기 앞에 영광스러운 교회로 세우사 티나 주름 잡힌 것이나 이런 것들이 없이 거룩하고 흠이 없게 하려 하심이라 이와 같이 남편들도 자기 아내 사랑하기를 자기 자신과 같이 할지니 자기 아내를 사랑하는 자는 자기를 사랑하는 것이라 누구든지 언제나 자기 육체를 미워하지 않고 오직 양육하여 보호하기를 그리스도께서 교회에게 함과 같이 하나니"(에베소서 5:25-29)

8. 아내가 아래의 세 가지 영역에서 성장하고, 자신의 가치를 느낄 수 있도록 남편이 도울 수 있는 방법에는 어떤 것들이 있을까요?

- 영적으로

- 은사, 재능, 능력

- 꿈과 미래를 향한 비전

9. 아내를 존중하고 격려하는 것이 어떻게 아내로 하여금 자신을 가치 있는 존재로 느끼게 할까요? 아내가 그렇게 되었을 때 당신과 결혼생활에는 어떤 유익이 있겠습니까?

홈빌더 원리

남편은 아내를 사랑하고, 아내가 하나님이 의도하신 여성의 모습이 되는 것을 돕도록 부름을 받았다.

아내들을 위한 나눔

남편을 존경하라

1. 에베소서 5장 33절을 읽으십시오. 남편을 '존경한다'(respect)는 것은 어떤 뜻입니까? 어떻게 하는 것이 남편을 존경하는 것이겠습니까?

> "그러나 너희도 각각 자기의 아내 사랑하기를 자신 같이 하고 아내도 자기 남편을 존경하라"
> (에베소서 5:33)

2. 남편에게는 왜 당신의 존경이 필요하다고 생각합니까? 그러한 당신의 존경이 남편의 자신감에 어떤 영향을 주겠습니까?

3. 아래와 같은 상황에서 남편을 존경하는 당신의 마음을 어떻게 보여주고 전달할 수 있겠습니까?
   - 남편의 요구가 불합리하다고 느낄 때

- 남편이 내린 결정에 동의가 되지 않을 때

　

- 어떤 문제에 대해 남편이 소극적이거나 관심을 보이지 않아서 실망스러울 때

　

- 가족 문제를 결정하면서 남편이 당신의 의사를 묻지 않고 무시한다고 느낄 때

　

남편에게 순종하라

여성들에게 '순종하라'는 말처럼 부정적인 반응을 불러일으키는 것도 없을 것입니다. 그러나 우리는 순종은 성경이 남편과 아내의 관계에서 아내들에게 가르치는 주된 내용이라고 믿습니다.

4. 에베소서 5장 22절에서 24절을 읽으십시오. 이 말씀은 아내의 책임에 관해 무엇이라고 말하고 있습니까?

> "아내들이여 자기 남편에게 복종하기를 주께 하듯 하라 이는 남편이 아내의 머리 됨이 그리스도께서 교회의 머리 됨과 같음이니 그가 바로 몸의 구주시니라 그러므로 교회가 그리스도에게 하듯 아내들도 범사에 자기 남편에게 복종할지니라"(에베소서5:22-24)

5. '남편에게 순종하라'는 개념이 그토록 많은 여성들에게 반감을 사고 있는 이유는 무엇입니까?

6. 아내가 남편에게 순종하는 것이 남편으로 하여금 하나님이 주신 남자로서의 정체성을 세우는데 어떻게 도움이 되겠습니까?

남편을 이해하라

7. 결혼생활에 관한 가장 큰 오해 중의 하나는 남자와 여자의 차이에서 오는 것입니다. 남편은 당신과 어떻게 다릅니까? 다음 도표에 당신과 배우자의 차이점들을 간략하게 적어보십시오. 남편과 가장 많이 차이가 나는 영역은 무엇입니까?

차이가 나는 영역	남편	아내
사고방식		
스킨십		
의사소통 방식		
문제 해결 방식		
성장 배경		
갈등 해결 방법		
재정 관리 방식		

8. 당신과 남편의 다른 점들이 결혼생활에 유익을 가져오기도 합니다. 당신 부부의 경우에 그것은 무엇입니까?

9. 당신이 남편을 존경하고 격려하는 것이 어떻게 남편으로 하여금 자신을 가치 있는 존재로 느끼게 할까요? 남편이 그렇게 되었을 때 당신과 결혼생활에는 어떤 유익이 있겠습니까?

남편을 사랑하고 존경하는 아내는 남편이 하나님이 주신 남자로서의 정체성을 잘 세우도록 도울 수 있다.

부부 데이트

다음 모임 전까지 배우자와 함께 홈빌더 과제를 나누기 위한 데이트 시간을 정하십시오. 이 과제를 통해 깨달은 것이나 경험한 것 한 가지를 다음 시간에 나눌 것입니다.

날짜   시간

장소

홈빌더 과제

혼자 하는 과제

다음 질문에 답하십시오.

1. 배우자의 긍정적인 성품을 적어도 5가지 이상 적으십시오.

2. 배우자의 재능과 장점에는 어떤 것들이 있습니까?

3. 배우자의 꿈과 목표는 무엇입니까? 가능하면 많이 적어보십시오.

4. 배우자가 그 목표를 성취하도록 당신은 어떻게 격려할 수 있을까요?

홈빌더 과제

5. 빌립보서 2장 1절에서 4절을 읽으십시오. 이 말씀에서는 배우자의 가치를 세워주기 위한 방법에 대해 당신에게 무엇이라고 말하고 있습니까?

> "그러므로 그리스도 안에 무슨 권면이나 사랑의 무슨 위로나 성령의 무슨 교제나 긍휼이나 자비가 있거든 마음을 같이하여 같은 사랑을 가지고 뜻을 합하며 한마음을 품어 아무 일에든지 다툼이나 허영으로 하지 말고 오직 겸손한 마음으로 각각 자기보다 남을 낫게 여기고 각각 자기 일을 돌볼뿐더러 또한 각각 다른 사람들의 일을 돌보아 나의 기쁨을 충만하게 하라"(빌립보서 2:1-4)

6. 이번 홈빌더 모임을 통해 배운 것 가운데 앞으로 당신이 더 노력해야 할 가장 중요한 적용 포인트는 무엇입니까?

7. 다음의 질문들에 대해 답을 하면서 당신 부부의 결혼생활을 위한 방향과 목적을 정리해 보십시오. 그리고 그 내용을 가지고 배우자를 귀하게 여기고 존중하는 결혼생활을 위해 새로운 사명선언서를 작성해 보십시오.

- 지금까지 남편이나 아내로서 당신의 주된 목적과 방향은 어떠한 것이었습니까?

- 앞으로는 남편과 아내로서 당신의 주된 목적과 방향은 어떠한 것이면 좋겠습니까?

- 그것을 수행하기 위해 당신이 구체적으로 실천할 수 있는 행동은 무엇입니까?

홈빌더 과제

부부가 함께 하는 과제

아래의 질문에 답하십시오.

1. '서로 세워주는 부부' 홈빌더 모임을 마쳤습니다. 다음의 질문에 답하면서 이번 홈빌더 모임이 당신의 결혼생활에 어떤 영향을 주었는지 생각해 보십시오.

- 처음 홈빌더 모임을 시작할 때 기대했던 것은 무엇이었습니까? 그리고 그 기대는 얼마나 채워졌습니까?

- 이번 홈빌더 모임을 통해 당신의 결혼생활에 도움을 받은 것은 무엇입니까?

- 배우자에 대해 새롭게 알게 된 사실은 무엇입니까?

- 이번 홈빌더 모임에서 당신에게 가장 좋았던 것은 무엇입니까?

2. '혼자 하는 과제'의 답변을 서로 나누십시오.

3. 당신이 작성한 결혼생활 사명선언서를 이행하기 위해 두 사람이 함께 할 수 있는 구체적인 실천방안은 무엇입니까?

4. 앞으로 계속해서 부부관계를 더 잘 세울 수 있도록 부부가 함께 할 수 있는 일들을 계획해 보십시오. 부부가 정기적으로 데이트하는 시간을 갖는 것도 한 방법이 될 수 있습니다.

5. 결혼을 허락하시고 배우자를 주신 하나님께 감사하십시오. 그리고 지금까지 당신의 결혼생활 가운데 하나님께서 일하신 일들에 대해 감사하는 기도를 드리면서 데이트를 마치십시오.

추가 자료

이 연습은 지금 할 수도 있고, 이후에 다른 부부 데이트 시간에 할 수도 있습니다.

배우자에게서 다음과 같은 편지를 받았다고 상상해 보십시오. 당신은 어떻게 답장을 하겠습니까? 자신의 답장을 써 보십시오.(당신이 느끼는 감정에 대해 구체적으로 표현하세요.)

사랑하는 남편/아내에게

당신과 함께 인생길을 가도록 나를 선택해 주어서 고마워요. 당신이 정직하고 솔직하게 말해준 것도 고마워요. 그것이 쉽지 않았다는 것을 나도 알아요.
나는 마음 속 깊이 당신이 나를 사랑하고 있음을 잘 압니다. 그렇지만 나는 여전히 당신이 나를 사랑하는 마음을 확인할 수 있는 것이 필요해요. 당신의 사랑보다 더 귀중한 것은 내게 없어요. 내겐 당신의 사랑이, 그리고 당신이 필요해요.
당신에게 부탁 하나 해도 될까요? 당신의 편지를 정말 받고 싶은데, 한 번도 요구한 적이 없네요. ... 엎드려 절 받기인 건 알지만, 나는 당신에게서 이런 말들을 듣고 싶어요. 그런 내용이 담긴 편지를 써주지 않을래요?

- 당신이 내게 얼마나 감사하는지
- 내가 어떤 식으로 당신을 존경한다는 표현을 했는지
- 내가 당신에게 어떤 격려를 했는지

- 당신을 위해 내가 했던 작은 일들에 당신이 얼마나 고마워하고 있는지
- 나를 있는 모습 그대로 무조건적으로 받아들이려고 하는 당신의 마음
- 내가 당신에게 어떤 동반자인지
- 당신이 나에게서 좋아하는 점들
- 내가 어떻게 더 좋은 방향으로 변화했는지 혹은 내가 어떻게 성장했는지 (왜냐하면 나도 잊어버리거든요.)
- 나에게 가장 좋은 것을 주기 원하는 당신의 마음
- 당신이 내 친구를 만나는 것을 좋아한다는 것
- 당신의 사랑에는 끈기가 있다는 것

어떤 내용이든지 나를 사랑하는 당신의 마음을 알 수 있게 나에게 말해 주세요.

사랑해요.

당신의 남편이/아내가

추신. 나도 완벽한 사람은 아니지만, 당신과 결혼의 여정을 함께 하는 것이 너무나 기뻐요.

이제 어떻게 할 것인가?

우리는 당신이 홈빌더 부부 시리즈를 통해 배우자와 함께 자신의 삶을 예수 그리스도에게 헌신하면서 그분의 청사진에 따라 계속해서 성장하기를 바랍니다. 또한 당신이 섬기는 교회와 지역 공동체의 다른 부부들도 마찬가지로 부부관계가 견고히 서가도록 도움을 주기 바랍니다. 지금 당신의 영향력이 필요합니다.
이 점에서 아주 잘 맞는 예화가 하나 있습니다.

2차 세계대전 중이었던 1940년, 프랑스 군은 히틀러의 침공으로 무너지고 말았고, 네덜란드는 나치의 기세에 눌려 힘없이 백기를 들고 말았다. 벨기에도 항복했고, 영국군은 됭케르크(Dunkirk) 해협 안에 있는 프랑스 해안에 갇히고 말았다.
220,000명이나 되는 영국의 아름다운 청년들이 영국 해협을 그들의 붉은 피로 물들이며 죽을 운명에 처해 있었다. 프랑스 해안에서 겨우 몇 마일 떨어져 있던 독일 총통의 군대도 그들이 사실 얼마나 승리에 가까이 와있는지는 미처 모르고 있었다. 남아있는 시간에 구조를 요청하는 시도는 헛되어 보였다. 한 영국 해군(전문가들)은 조지 6세에게 자신들이 기껏해야 17,000명 정도나 구할 수 있을 것이라고 보고했다. 서민원(영국 하원)에게는 '비극적인 소식'에 대한 마음의 준비를 하라는 경고가 주어졌다.
정치인들은 두려움에 얼어붙었고, 왕은 무력했다. 게다가 우방국들은 멀리서 구경꾼으로 지켜볼 수밖에 없었다. 영국군의 불행한 최후가 임박한 듯이 보였을 그때, 낯선 함대가 영국 해협의 수평선 위에 나타났다. 아마 역사상 가장 형편없는 함대였을 것이다. 저인망어선, 예인선, 평저선, 어선, 구명보트, 낚싯배, 소형 어선, 연안 연락선, 범선, 심지어 런던의 소방 선박들까지 그렇게 모여든 배들에 타고 있는 군인들은 주로 민간 자원병들로, 지쳐 피를 흘리고 있는 아들들을 구하러 온 영국의 아버지들이었다.

윌리엄 맨체스터는 1940년 됭케르크에서 있었던 일은 마치 기적과도 같았다고 그의 서사적 소설, 『마지막 사자』(The Last Lion)에서 썼다. 그리고 정말 기적처럼 영국군뿐만 아니라 118,000명의 다른 연합군들도 모두 구출되었다.

오늘날 그리스도인의 가정이 바로 됭케르크에 있는 그 군인들과 흡사합니다. 많은 문제와 어려움 속에서 옴짝달싹하지 못하며 사기가 꺾여 누군가의 도움이 절실히 필요합니다. 그리스도인 공동체는 영국군대와 같은 처지일지도 모르겠습니다. 어떤 전문가들이 와서 자신의 가족을 구해주길 기다리고 있는 것처럼 보입니다. 하지만 문제는 전문가들만이 나서서 해결하기에는 너무 거대합니다.

그 지치고 상처 입은 가정을 구하기 위해서는 모든 사람들이 '항해'에 나서야 하는 전면적인 도움을 필요로 합니다. 능력의 하나님을 믿는 신앙을 가진 평범한 부부가 펼칠 도움의 손길이 필요합니다. 교회 안에 있는 부부는 너무나 오랫동안 다른 사람에게 영향을 주는 특권과 책임에 있어 전임 사역자의 사역에 기대어왔습니다. 이제 우리는 당신이 자신의 삶을 다른 사람에게 투자하기를, 그리하여 구조 작업에 동참하기를 독려합니다. 당신과 함께 세계 여러 곳의 부부들은 팀을 이루어 수천 쌍의 부부들과 그 가정을 세우고, 뿐만 아니라 자신의 부부관계와 가정도 계속해서 성장할 수 있습니다.

홈빌더가 되십시오

오늘 당신이 가정 안에서 변화를 가져올 수 있는 몇 가지 실질적인 방법들이 여기 있습니다.
- 3-5쌍의 부부 모임을 조직하여 그들이 이 홈빌더 시리즈를 함께할 수 있도록 인도한다. 교회나 이웃의 다른 부부들이 또 다른 홈빌더 모임을 만들 수 있도록 격려한다.

- 홈빌더 부부 시리즈의 다른 교재로 홈빌더 모임을 지속하고 계속적으로 성장한다.
- 이웃을 가정에 초대하여 식사를 하면서 부부의 신앙을 나눈다. 상황이 허락된다면, 선교를 위한 교재의 하나로 기독교 영화를 함께 볼 수 있다.
- cccFamilyLife를 비롯하여 가정사역을 하는 단체를 통해 훈련을 받고 자원봉사자로 섬길 수 있다.

우리의 문제에 대한 하나님의 답변

문제가 없는 부부는 없습니다. 의사소통의 문제거나 재정 문제이거나 성적인 친밀감의 어려움이거나, 모든 부부가 한두 가지의 문제는 다 가지고 있습니다. 부부의 사랑이 더욱 강해지도록 발전시키는 데에 중요한 것은 그런 문제들을 어떻게 다룰지를 배우는 것입니다.

큰 문제

하나의 기본적인 문제가 부부의 모든 다른 문제들의 중심에 있으며, 그것은 어떤 사람이 자신의 힘으로 다루기에는 너무 거대합니다. 그 문제는 바로 하나님과의 분리입니다. 자신의 인생과 결혼생활을 창조주의 설계대로 경험하고 싶다면, 당신을 창조하신 그 하나님과의 역동적인 관계가 필요합니다.

하지만 우리는 죄로 인해 하나님으로부터 떨어져 있습니다. 어떤 사람들은 더 나은 사람이 되기 위해 열심히 노력해서 죄의 문제를 해결하려 합니다. 그들은 화를 다스리는 방법에 관한 책을 읽거나, 탈세를 그만두겠다는 결심을 할 수도 있습니다.

하지만 마음속으로 그들은 알고 있습니다. 사실 우리 모두가 알지요. 죄의 문제는 나쁜 버릇 이상으로 뿌리가 깊게 박혀있으며, 그 버릇을 고쳐보려는 최선의 행위 그 이상의 노력이 필요하다는 것을 말입니다. 실제 우리는 하나님에게 반역하였습니다. 우리는 그분을 무시하였고 우리가 생각하기에 옳다고 생각하는 방식대로 살기로 했으며, 우리의 생각과 계획이 그분의 것보다 좋다고 여겼습니다.

"모든 사람이 죄를 범하였으매 하나님의 영광에 이르지 못하더니"(로마서 3:23).

"하나님의 영광에 이르지 못하더니"가 무슨 뜻일까요? 그것은 우리 중 그 어느 누구도 우리가 해야 할 마땅한 방식으로 하나님을 신뢰하고 귀히 여기지 않았다는 뜻입니다. 우리는 다른 것들로 자신을 만족시키려 했으며 그것들을 하나님보다 더 귀중하게 여겼습니다. 나 자신의 방식대로 살았습니다. 성경에 따르면, 우리는 우리 죄에 대한 값을 지불해야 마땅합니다. 하지만 우리가 선택한 방법대로는 하나님의 선한 목적을 이룰 수 없어 그저 하나님도 눈감아주실 것이라 바랄 뿐입니다. 자신의 계획을 따른다면 파멸로 이르게 됩니다.

"어떤 길은 사람이 보기에 바르나 필경은 사망의 길이니라"(잠언 14:12).

"죄의 삯은 사망이요"(로마서 6:23).

우리는 하나님의 사랑에서 분리되는 죗값을 치르게 됩니다. 하나님은 거룩하시고, 우리는 죄로 가득합니다. 아무리 노력해도 우리는 선한 삶을 산다거나 성경 말씀대로 행할 방법을 알지 못한 채, 그 죗값을 회피할 수 있기만을 바라고 있습니다.

죄에 대한 하나님의 해결책

감사하게도 하나님은 우리의 딜레마를 해결할 방법을 가지고 계십니다. 그분은 그의 아들 예수 그리스도를 이 땅에 사람으로 보내셨습니다. 예수님은 하나님의 계획에 완벽하게 순종하여 거룩한 삶을 사셨습니다. 예수님은 또 우리의 죄에 대한 값을 치르기 위해 십자가에서 죽는 삶을 기꺼이 선택하셨습니다. 예수님은 죽은 자 가운데서 부활하셔서 자신이 죄나 사망보다 더 능력 있으신 분임을 증명하셨습니다. 단 한 분 예수님만이 우리 죄에 대한 값을 뛰어넘는 힘을 가지고 있습니다.

"예수께서 이르시되 내가 곧 길이요 진리요 생명이니 나로 말미암지 않고는 아버지께로 올 자가 없느니라"(요한복음 14:6).

"우리가 아직 죄인 되었을 때에 그리스도께서 우리를 위하여 죽으심으로 하나님께서 우리에 대한 자기의 사랑을 확증하셨느니라"(로마서 5:8).

"죄의 삯은 사망이요 하나님의 은사는 그리스도 예수 우리 주 안에 있는 영생이니라"(로마서 6:23).

예수님의 죽으심과 다시 사심으로 우리 죄의 문제는 해결되었습니다. 그분은 하나님과 우리 사이에 벌어진 간격에 다리가 되어주셨습니다. 그분은 우리가 그분에게로 오도록 그리고 우리의 생명을 위해 불완전한 우리의 계획은 포기하라고 요청하고 계십니다. 그분은 우리가 그분을 신뢰하고 그분의 계획을 따르기를 원하십니다.

하나님의 해결책을 받아들이십시오

만약 당신이 하나님으로부터 분리되어있다는 사실을 깨달았다면, 하나님께서 당신이 자기 죄를 고백하도록 부르시는 것입니다. 우리 모두는 그분의 것이 아닌 우리의 생각과 계획을 고집스럽게 더 좋아했기 때문에 우리 인생을 엉망으로 만든 것입니다. 그 결과 우리는 하나님의 사랑과 보호로부터 떨어지게 되어도 마땅하게 되었던 것입니다. 하지만 하나님은 우리가 그분의 계획에 반역하였다는 사실을 인정하기만 한다면, 우리를 용서하시고 우리의 죄 문제를 고쳐주시겠다고 약속하셨습니다.

"영접하는 자 곧 그 이름을 믿는 자들에게는 하나님의 자녀가 되는 권세를 주셨으니"(요한복음 1:12).

"너희는 그 은혜에 의하여 믿음으로 말미암아 구원을 받았으니 이것은 너희에게서 난 것이 아니요 하나님의 선물이라 행위에서 난 것이 아니니 이는 누구든지 자랑하지 못하게 함이라"(에베소서 2:8-9).

성경에 나오는 그리스도를 영접한다는 말씀의 뜻은 우리가 자신이 죄인임을, 그리고 혼자 힘으로는 그 문제를 해결할 수 없음을 인정한다는 것입니다. 그것은 우리가 자신의 죄에서 돌아선다는 의미이며, 그리스도께서 우리 죄를 용서하시고 우리를 그분이 원하시는 사람으로 만들어주실 것을 믿는다는 의미입니다. 그리스도가 하나님의 아들임을 머리로 이해하는 것으로는 충분치 않습니다. 그분을 신뢰하고, 믿음으로 우리 인생에 대한 그분의 계획을 신뢰해야 합니다.

당신과 하나님의 관계는 올바르게 되어있습니까? 당신은 삶의 중심에 그분 그리고 그분의 계획을 가지고 있습니까? 혹시 자신의 방식을 찾다가 인생이 엇나가고 있지는 않습니까?

그동안 자신의 방식대로 노력해왔다 하더라도, 오늘 당신은 바꾸겠다고 결심할 수 있습니다. 그리스도께로 돌아가 그분이 당신의 인생을 변화시키도록 맡겨드릴 수 있습니다. 당신은 그저 그분에게 머리와 미음에서 일어나고 있는 것들을 말하면 됩니다. 한 번도 그렇게 해본 적이 없다면, 여기 아래에 적힌 단계를 그대로 따라 해 보십시오.

- 당신은 자신에게 하나님이 필요하다는 사실에 동의합니까? 그렇다면 하나님께 그렇다고 말씀드리십시오.
- 자기 자신의 계획대로 살다가 삶이 엉키게 되었습니까? 그렇다면 하나님께 그렇다고 말씀드리십시오.
- 하나님이 당신을 용서하시길 원하십니까? 그렇다면 하나님께 그렇다고 말씀드리십시오.
- 예수님이 십자가에서 죽으시고 죽은 자 가운데서 부활하셨기 때문에 당신의 죄 문제를 해결하시고 당신에게 영생이라는 선물을 그저 주실 권세가 그분에게 있다는 사실을 믿습니까? 그렇다면 하나님께 그렇다고 말씀드리십시오.
- 인생을 향한 하나님의 계획이 당신이 생각해낸 어떤 계획보다 더 탁월하다는 사실을 인정할 준비가 되었습니까? 그렇다면 하나님께 그렇다고 말씀드리십시오.
- 하나님이 당신 인생의 주인이 되실 권리를 갖고 계심에 동의합니까? 그렇다면 하나님께 그렇다고 말씀드리십시오.

"너희는 여호와를 만날 만한 때에 찾으라 가까이 계실 때에 그를 부르라"(이사야 55:6).

이제 이렇게 기도하십시오.

주 예수님, 나는 당신이 필요합니다. 십자가에서 죽으심으로 내 죄를 대속하여주셔서 감사합니다. 나는 당신을 나의 구주로 받아들입니다. 나의 죄를 용서하시고 영생을 주시니 감사합니다. 나를 주님이 원하시는 사람으로 만들어주세요.

그리스도인의 삶

그리스도의 제자(그리스도인)에게 죗값은 이미 완전히 지불되었습니다. 하지만 죄의 영향력은 우리 인생 내내 지속됩니다.

"만일 우리가 죄가 없다고 말하면 스스로 속이고 또 진리가 우리 속에 있지 아니할 것이요"(요한일서 1:8).

"내가 원하는 바 선은 행하지 아니하고 도리어 원하지 아니하는 바 악을 행하는도다"(로마서 7:19).

죄의 영향은 가정에서도 이어집니다. 그리스도인 부부가 아무리 하나님을 경외하는 견고한 부부관계를 유지하려고 노력한다 해도 그렇습니다. 대부분 부부들은 결국에는 자신들의 힘으로는 되지 않는다는 것을 깨닫습니다. 하지만 하나님의 도우심이 있으면 성공할 수 있습니다.
더 많은 것들을 알고 싶다면, kccc.org 또는 cccfamilylife.org에서 더 많은 다른 자료를 찾아보십시오.

cccFamilyLife 홈빌더 전략

cccFamilyLife는 1993년 시작되어 성경적 결혼과 가정문화를 세우기 위하여 다양한 세미나와 홈빌더 모임을 확산해가고 있습니다. 가정 사역에서 일회성 세미나가 가지고 있는 부족한 부분을 보완하기 위해 부부 성경공부 교재인 '홈빌더 시리즈'를 개발하여 부부들이 지속적으로 함께 공부하고 그것을 결혼생활과 자녀양육에 적용할 수 있도록 하는 '홈빌더 전략'을 실행하고 있습니다.

Homebuilder

홈빌더
결혼에 대한 성경적 청사진을 자신과 다른 가정에 적용하는 사람들

홈빌더 전략의 특징
- 결혼생활의 지속적인 육성이 가능한 교재와 전략을 가지고 있음
- 부부들이 실제적인 필요를 구체적으로 적용하게 함
- 효과적인 육성과 전도의 통로가 되어 교회 성장을 도움
- 교회나 소그룹에서 쉽게 활용할 수 있음

홈빌더의 장점
시작하기 쉽다. 성취하기 쉽다. 전수하기 쉽다. 관리하기 쉽다.

홈빌더 전략

홈빌더 순
- 부부의 친밀함 성장
- 부부가 서로 지지하고 격려받을 수 있는 기회
- 자녀 양육의 지혜를 배움
- 다른 부부와의 교제 및 전도의 기회

세미나
- 데이팅세미나
- 결혼예비학교
- 부부 세미나
- 자녀 양육 세미나

Direction

홈빌더를 통한 지상명령 성취
"가정마다 홈빌더를 세워 그리스도의 계절이 오게 하자."

서울시 종로구 부암동 36-1 cccFamilyLife
Tel : 02-397-6384   www.cccfamilylife.org   www.facebook.com / cccfamilylife